Anna Hoffacker

Im Supermarkt

Differenzierte Arbeitsblätter für Deutsch-Anfänger

Verlag an der Ruhr

Impressum

Titel:
DaZ Praxis
Im Supermarkt – differenzierte Arbeitsblätter für Deutsch-Anfänger

Autorin:
Anna Hoffacker

Illustrationen:
Anja Boretzki
S. 49 und 57: fotolia.com/© Alex Stokes

Verlag an der Ruhr
Mülheim an der Ruhr
www.verlagruhr.de

Geeignet für die Klassen 1–4

Unser Beitrag zum Umweltschutz:
Wir sind seit 2008 ein ÖKOPROFIT®-Betrieb und setzen uns damit aktiv für den Umweltschutz ein. Das ÖKOPROFIT®-Projekt unterstützt Betriebe dabei, die Umwelt durch nachhaltiges Wirtschaften zu entlasten. Unsere Produkte sind grundsätzlich auf chlorfrei gebleichtes und nach Umweltschutzstandards zertifiziertes Papier gedruckt.

ISBN 978-3-8346-3106-0

Printed in Germany

Inhaltsverzeichnis

Vorwort

Internationale Förderklassen, Willkommensklassen, Seiteneinsteigerklassen, Eingliederungsklassen – egal wie wir sie nennen, die Kinder in diesen Klassen haben eines gemeinsam: Sie kommen in unsere Schulen, im Gepäck eine Menge Sorgen, Ängste und Erwartungen. Die Arbeit mit ihnen erfordert von uns Lehrern* viel Einfühlungsvermögen, Kraft und fachdidaktisches Wissen, aber am allermeisten Freude am Umgang mit Kindern, die erst noch den Weg in unsere komplizierte Sprache finden müssen. Schafft man es, sie auf diesem Weg erfolgreich zu unterstützen, bekommt man eine Menge Dankbarkeit und Freude von den Kindern zurück, sieht, wie sie ihren weiteren Weg mit grundlegenden Kenntnissen des Deutschen bestreiten. Genau das ist es, was mich immer wieder antreibt, meine Begeisterung für diese Arbeit mit anderen Lehrern, Pädagogen und Studierenden zu teilen.

Auf der Suche nach passendem Material für die tägliche Arbeit mit größeren Internationalen Förderklassen (Ifö-Klassen) bin ich auf tolle Sprachspiele, Freiarbeitsmaterialien, Bildkarten, Wortmaterial und vieles mehr gestoßen, jedoch fehlte mir immer ein einfaches, grundlegendes Material zur Wortschatz-Erarbeitung und -Einübung, das nicht nur für den Einsatz in kleinen Fördergruppen geeignet ist. Aus diesem Mangel heraus bin ich dazu übergegangen, eigenes Material zu erstellen, das fortan die Grundlage meines Unterrichts in den Ifö-Klassen bildete. Ein Ergebnis dieser Arbeit sind die nun vorliegenden Themenhefte, die auch andere Lehrer dabei unterstützen sollen, mit Freude die deutsche Sprache an Kinder zu vermitteln.

Anna Hoffacker

* Aus Gründen der besseren Lesbarkeit haben wir in diesem Buch durchgehend die männliche Form verwendet. Natürlich sind damit auch immer Frauen und Mädchen gemeint, also Lehrerinnen, Schülerinnen etc.

Didaktische Hinweise

Das vorliegende Themenheft dient in erster Linie der grundlegenden Erarbeitung und Einübung eines Grundwortschatzes in den Bereichen „Einkaufen/ Lebensmittel" im Unterricht von Kindern mit keinen bis geringen Deutschkenntnissen. Durch verschiedene Aufgaben und Übungen bauen die Kinder innerhalb des jeweiligen Themas einen Grundwortschatz auf und erlangen bzw. festigen gleichzeitig verschiedene Kompetenzen. Es werden Formate verwendet, die neben dem Wortschatz auch schriftliches Sprachhandeln, Leseverständnis und Hörverstehen trainieren. Kleine Einheiten zur mündlichen Kommunikationsfähigkeit schaffen authentische Sprechanlässe und regen zur Interaktion der Kinder untereinander an.

Dieses Themenheft ermöglicht einen individuellen Einsatz, der den Anforderungen Ihres Unterrichts flexibler gerecht werden kann. Es beginnt mit einfachen Wortschatzübungen und baut mit der Zeit ein weiteres Sprachhandeln auf. Angeboten werden dabei auch immer wieder differenzierte Übungsformen, die auf unterschiedlichen Sprachstandniveaus von den Kindern bearbeitet werden können. Möglich wird dadurch ein Einstieg in die Themen von Kindern auf allen Stufen der Sprachentwicklung, was bei der meist hohen Schülerfluktuation in Ifö-Klassen durch Neuzugänge und Eingliederungen unerlässlich ist.

Ein zentraler Bestandteil des Heftes ist ein Wimmelbild, das zu freien Sprechanlässen und Gesprächen anregt. Zudem dient es als Grundlage für Situationen des freien Schreibens, an denen Kinder auf fast allen sprachlichen Ebenen teilhaben können.

Die wiederkehrenden Aufgabenformate und die einfache Material-Strukturierung bieten den Kindern Sicherheit und ermutigen sie, die neue Sprache zu entdecken. Sie können die Materialien in jahrgangsübergreifenden Ifö-Klassen, in Fördergruppen sowie als differenzierendes Material in Regelklassen einsetzen oder wo auch immer Sie Anwendungsmöglichkeiten finden. Vor dem Einsatz

der schriftlichen Materialien bietet es sich an, mithilfe der Bildkarten die jeweiligen Wörter im Sitzkreis einzuführen und mit den Kindern mehrfach im Chor zu wiederholen.
Die Kopiervorlagen und Ideen im Heft können in chronologischer Reihenfolge eingesetzt oder für Ihre individuellen Bedürfnisse isoliert genutzt werden. Am Ende des Hefts befindet sich immer eine kleine Reflexion zum jeweiligen Thema, in 2-fach differenzierter Ausführung.
Am Schluss noch eine Anmerkung zur Arbeit mit nicht-alphabetisierten Kindern: Wenn die anderen Kinder mit den Kopiervorlagen arbeiten, lasse ich nicht-alphabetisierte Kinder in Buchstabenlehrgängen arbeiten. Mit der Zeit ergibt es sich meist von allein, dass sie versuchen, die einfachen Arbeitsblätter zu bearbeiten. Ich habe mit dieser Vorgehensweise bisher nur gute Erfahrungen gemacht und die Kinder nutzen mit der Zeit immer mehr der Materialien erfolgreich.

Zur Arbeit mit den einzelnen Bestandteilen

Bild- und Wortkarten: Die Bildkarten dienen zur Einführung, Übung und Festigung der Wörter im Kreis. Passende Wortkarten in einer großen Schriftgröße für gemeinsame Lese- und Zuordnungsübungen lassen sich einfach am PC selbst erstellen. Es gibt eine Vielzahl von Spielen, Liedern und anderen Methoden, die sich dazu eignen, das Wortmaterial mündlich zu üben („Ich packe meinen Koffer“, „Obstsalat“, Wiederholen der Wörter im Chor in verschiedenen Stimmlagen, Lautstärken etc.). Ihrer Fantasie sind an dieser Stelle keine Grenzen gesetzt.

Arbeitsblätter: Die Arbeitsblätter bieten Übungen auf verschiedenen Ebenen an. Zu Beginn übertragen die Kinder die im jeweiligen Block vorkommenden Wörter auf die zugehörigen Blanko-Vorlagen. Durch die wiederkehrenden Abschreibübungen prägen sich die Kinder die Wörter schneller ein.
Die Arbeitsaufträge auf den anderen Blättern sind weitestgehend selbsterklärend. Im Inhaltsverzeichnis können Sie sehen, welche Arbeitsblätter sich differenziert einsetzen lassen. Vor der Nutzung der Kopiervorlagen zu den Wortarten sollten diese gemeinsam thematisiert werden und z. B. die Bildkarten nach Wortarten sortiert werden. Ich habe mich bewusst dafür entschieden, die Wortart „Adjektive“ zunächst auszulassen. Die Erfahrung hat gezeigt, dass diese einfacher nebenbei erlernt wird und eine zu frühe Einführung die Kinder häufig überfordert.

Geschichten: Die Geschichten werden in drei verschiedenen Schwierigkeitsgraden angeboten. Zunächst wird die Geschichte in der mittleren Schwierigkeitsstufe vorgelesen. Man kann die Kinder die Bildkarten an der Tafel in die richtige Reihenfolge bringen lassen und anschließend z. B. Textkarten den Bildkarten zuordnen lassen. Passende Textkarten lassen sich leicht selbst herstellen. Im Anschluss erfolgt die Arbeit mit den Kopiervorlagen.

Reflexion: Zum Abschluss eines Themas kann die jeweilige 2-fach differenzierte Reflexion eingesetzt werden (der erste Teil der Reflexion ist für alle Schüler gleich, im zweiten Teil wird differenziert). Je nach Aufgabenformaten werden verschiedene Kompetenzbereiche abgeprüft. Jede Reflexion beginnt mit einer Hörverstehensübung, bei der der Lehrer entweder die einzelnen Begriffe und eine zugehörige Zahl nennt (z. B. „Nummer 3, der Kopf“) oder, bei einer fitteren Lerngruppe, die Wörter in eine Geschichte einflechten kann. Die Kinder nummerieren die Bilder.

Interaktive Zusatzeinheiten: Das Heft enthält kommunikative Zusatzeinheiten, die die mündliche Interaktion unter den Schülern anregen sollen.
Die Erklärungen dazu finden Sie im folgenden Abschnitt.

Erklärung zur Einheit „Im Supermarkt – Rollenspiel“

Benötigtes Material:

- alle Kopiervorlagen „Im Supermarkt – Rollenspiel“
- Schere, Klebe, Buntstifte

Ziel der Einheit:
Die Schüler üben in direkter Kommunikation einen Einkaufsdialog und erweitern somit ihre alltäglichen kommunikativen Kompetenzen.

Durchführung:

Die Kinder fertigen frei oder mithilfe der Bastelvorlagen (Einkaufskorb, Waren, Spielgeld, Einkaufszettel) alle für das Rollenspiel benötigten Materialien an. Alternativ kann mit authentischen Alltagsgegenständen gearbeitet werden, sodass ein direkter Bezug zur Realität gegeben ist.

Um einen Einkaufsdialog zu üben, bietet es sich an, dass die Kinder die entsprechenden Sätze aus der Kopiervorlage „Im Supermarkt – Rollenspiel Dialog 1" einmal auf die Blankovorlage übertragen. Anschließend können in Partnerarbeit die entsprechenden Phrasen/Sätze des Dialoges unter Zuhilfenahme der dafür vorgesehenen Kopiervorlagen (Einkaufskorb, Waren, Spielgeld, Einkaufszettel) eingeübt werden. Nach einmal durchgespieltem Dialog sollten die Rollen getauscht werden. In der Präsentationsphase können Freiwillige ihren eingeübten Dialog der Lerngruppe vortragen. Den Einkaufszettel können die Kinder selbstständig kürzer oder länger gestalten.

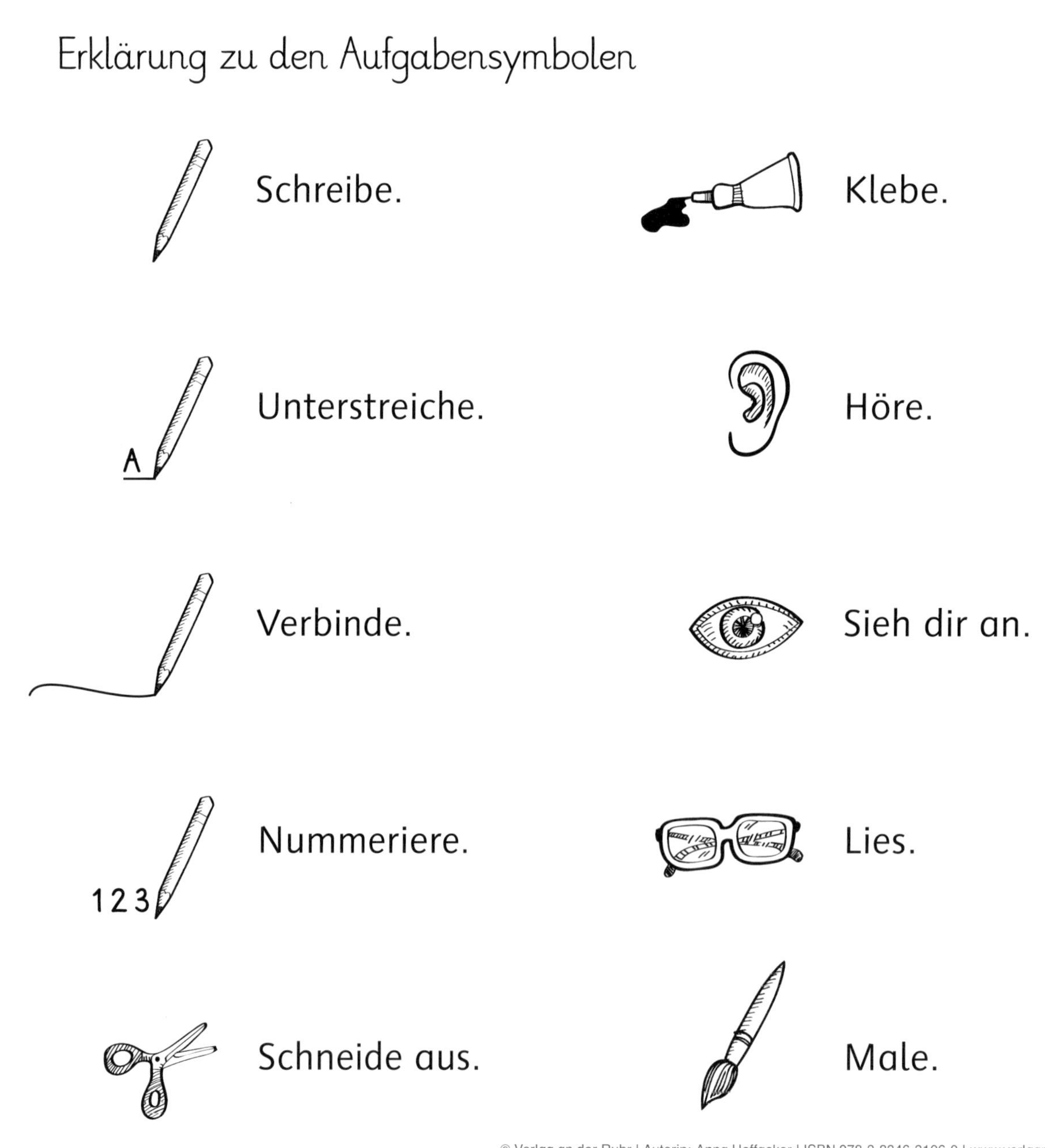

Materialien
Reflexion
Bildkarten

Lebensmittel 1 – Bild-Wortkarten

Sieh dir die Bilder und die dazugehörigen Wörter an. 

das Obst	die Weintrauben	die Banane	der Apfel

die Birne	die Erdbeere	die Kartoffeln	das Gemüse

die Gurke	die Möhre	die Tomate	die Kasse

Lebensmittel 1 – Ausfüll-Bildkarten

Schreibe die richtigen Wörter auf die Linien.

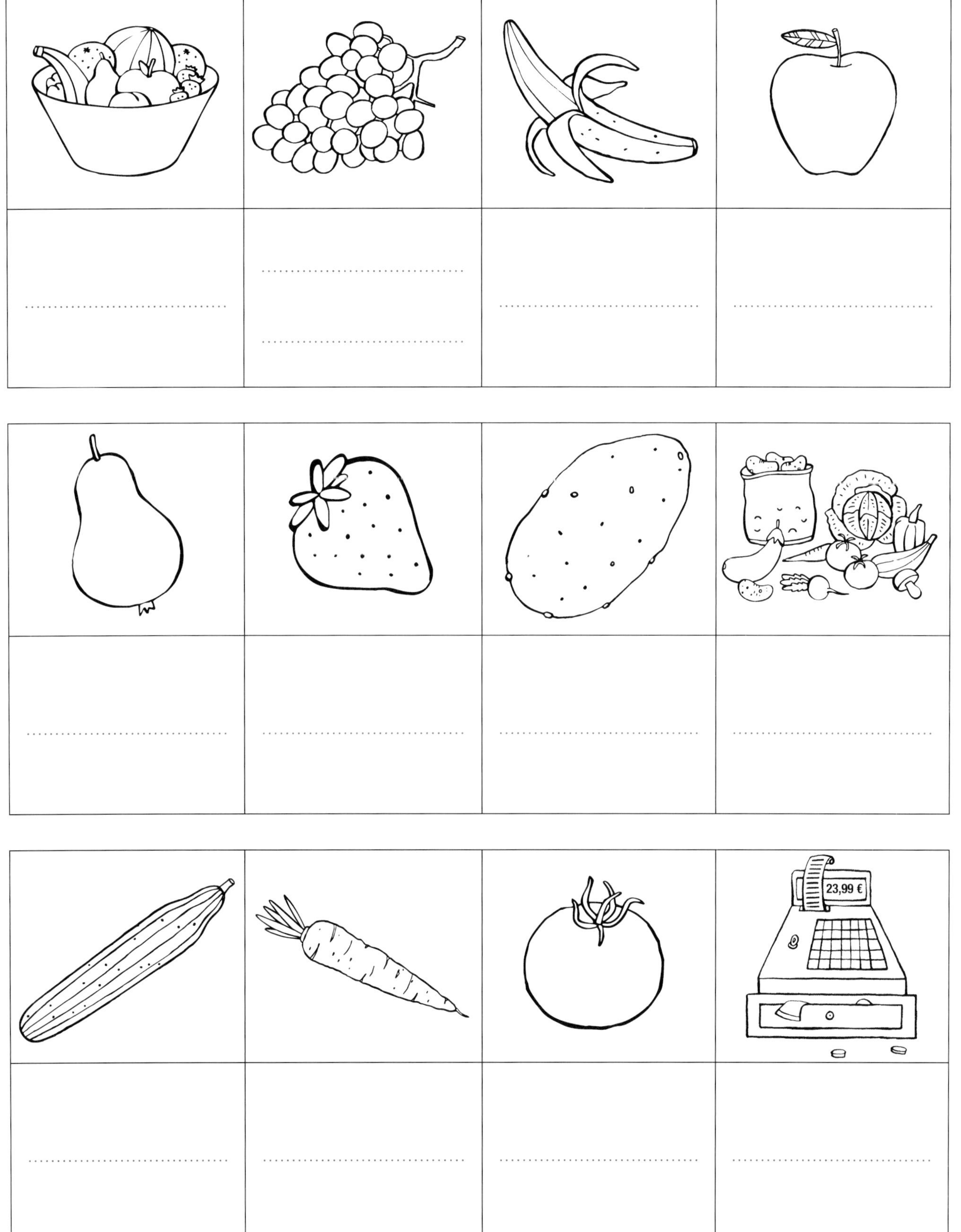

Lebensmittel 1 – Verbinden

Verbinde die Bilder mit den Wörtern.

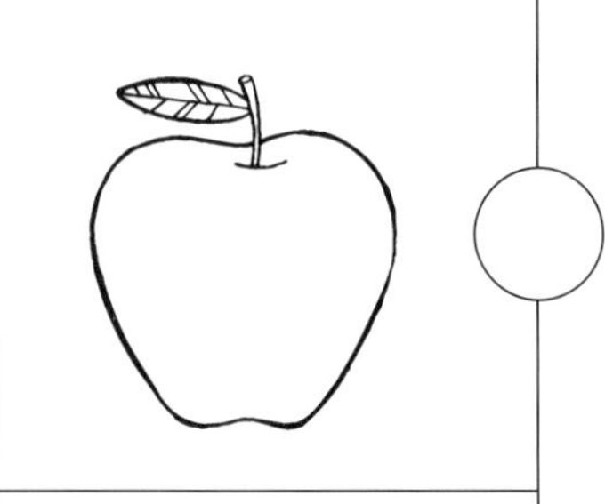

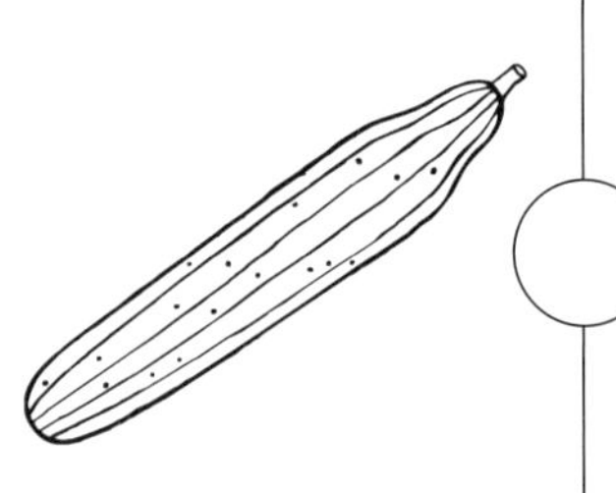
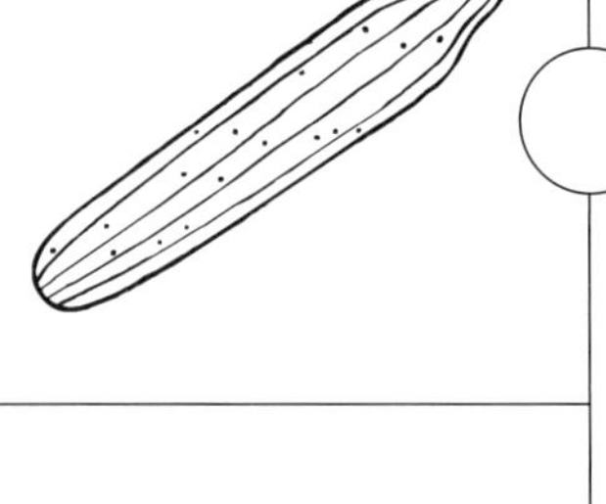

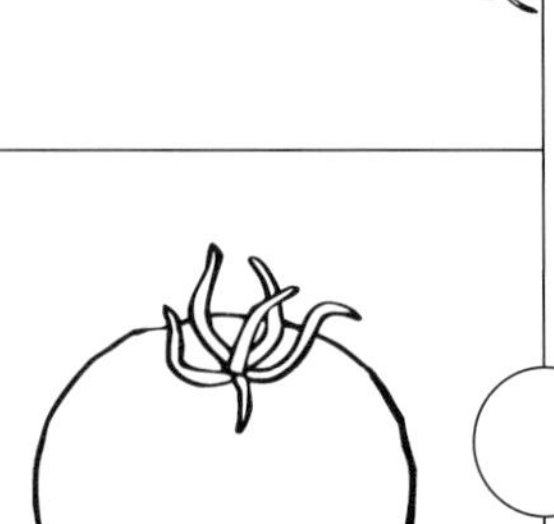
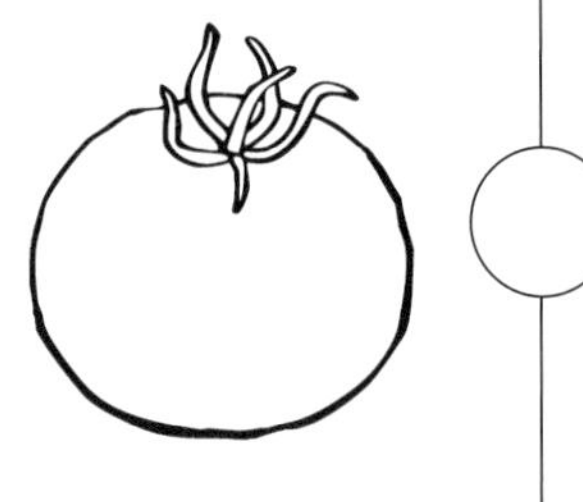

- die Banane
- das Obst
- der Apfel
- die Weintrauben
- die Gurke
- das Gemüse
- die Birne
- die Tomate
- die Möhre
- die Kartoffeln
- die Erdbeere
- die Kasse

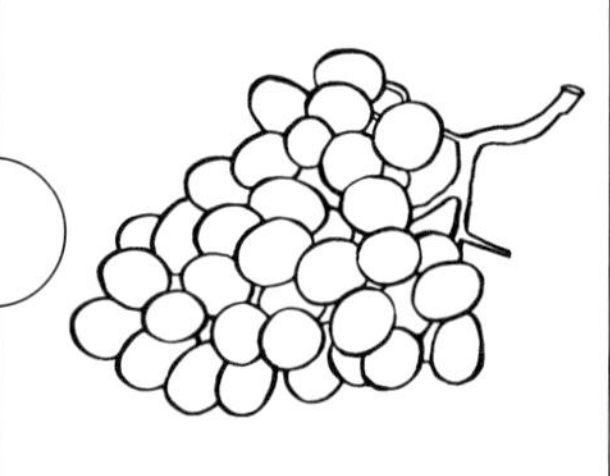
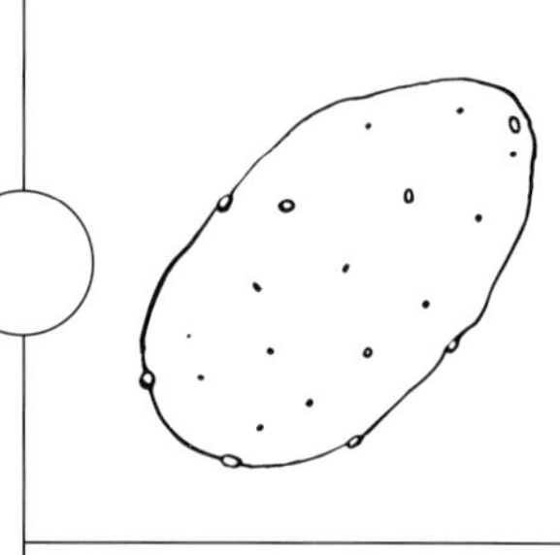

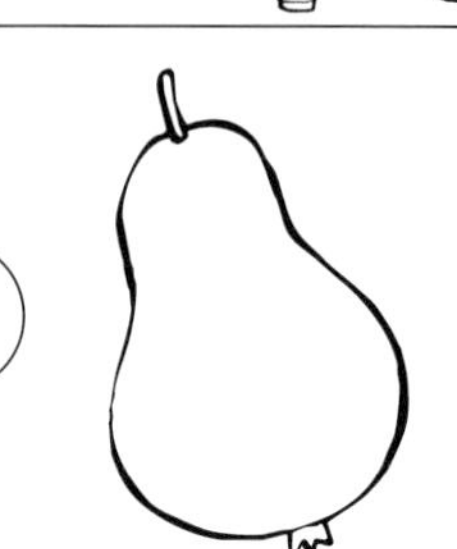

Lebensmittel 1 – Wörter schreiben

Schreibe die richtigen Wörter neben die Bilder.

Lebensmittel 1 – Sätze schreiben

Schreibe die richtigen Sätze neben die Bilder.

Das ist ein Apfel.

Das ist

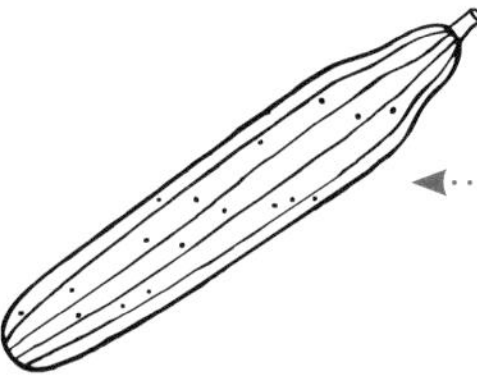

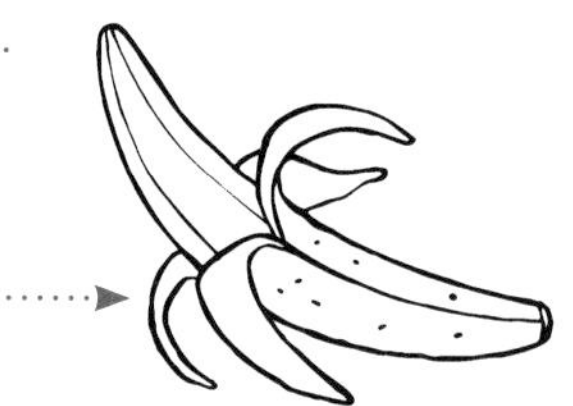

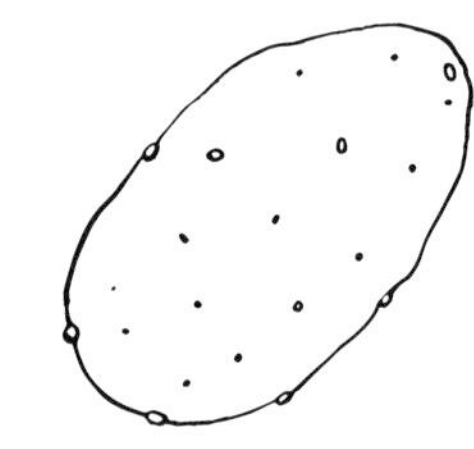

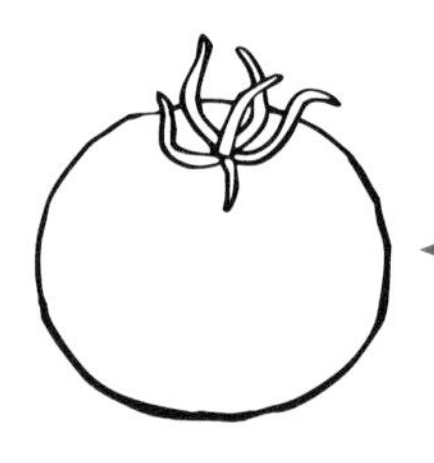

Lebensmittel 1 – Artikel

Schneide die Bilder aus und lege sie vor die richtige Kiste.

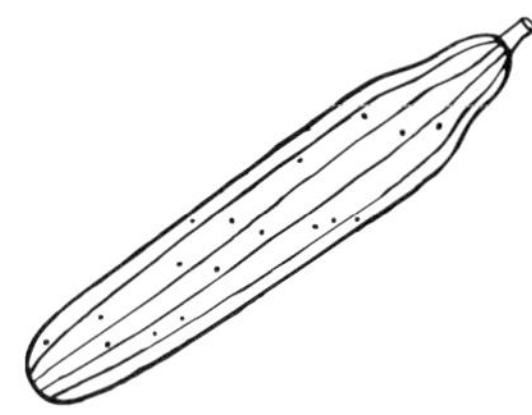

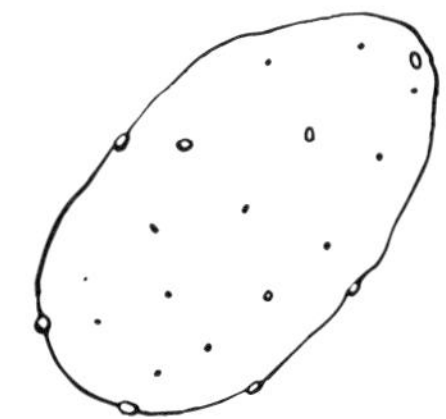

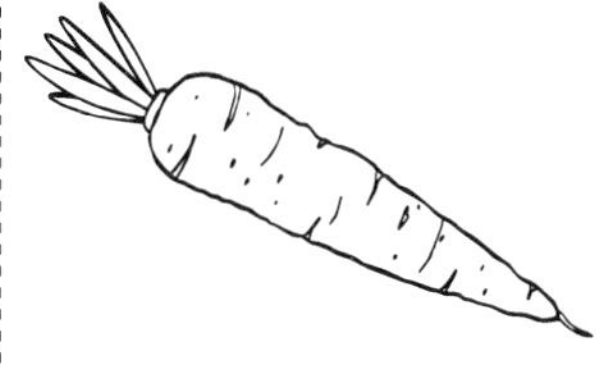

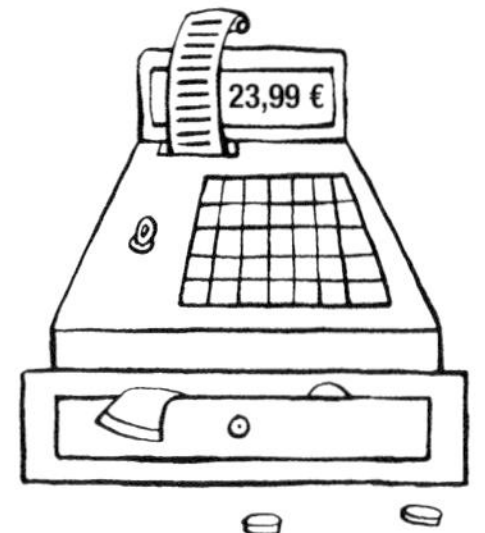

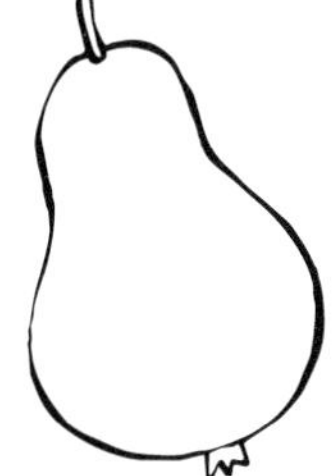

Lebensmittel 1 – Artikel verbinden

Verbinde die Artikel mit den richtigen Bildern.

der

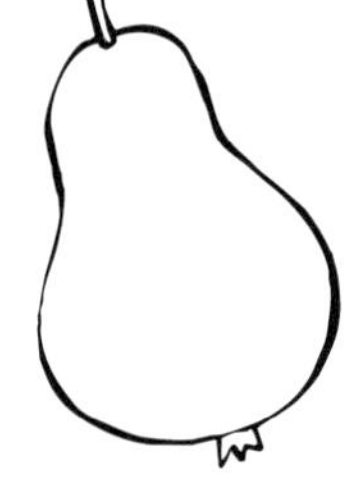

die

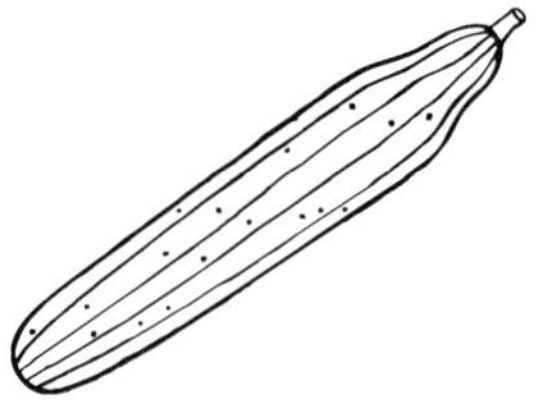

das

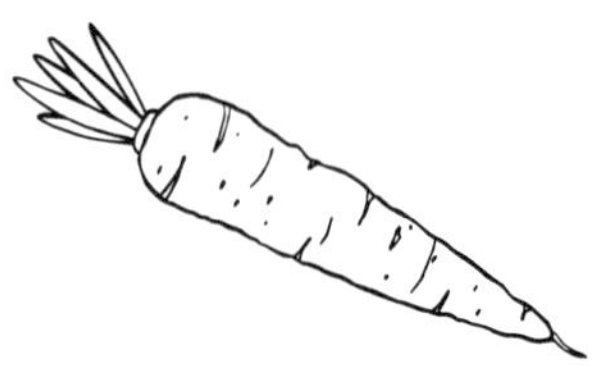

Lebensmittel 1 – Einzahl, Mehrzahl

1. Schreibe *der, die* oder *das*.

2. Schreibe in dein Heft *(die Banane – die Bananen ...)*.

.... Birne 

.... Birnen 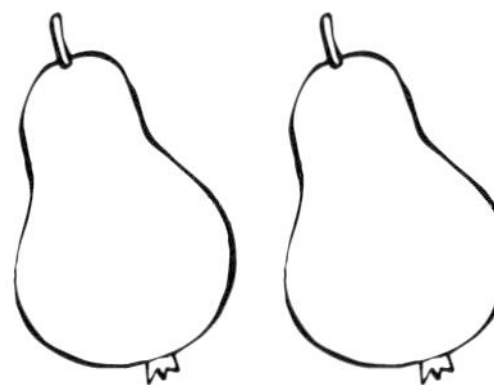

.... Erdbeere 

.... Erdbeeren 

.... Gurke 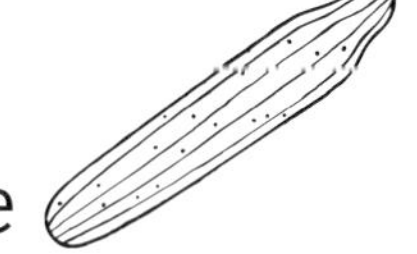

.... Gurken 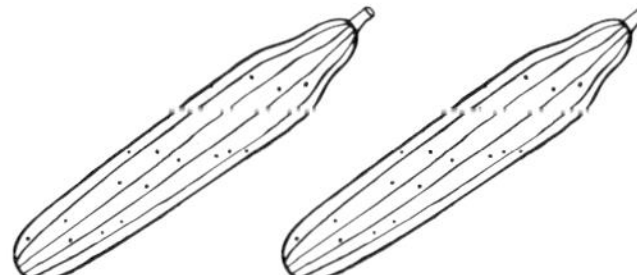

.... Möhre 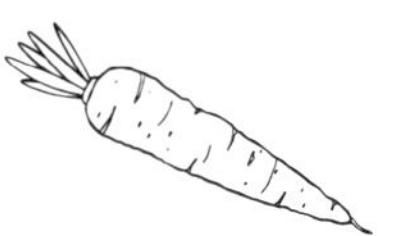

.... Möhren 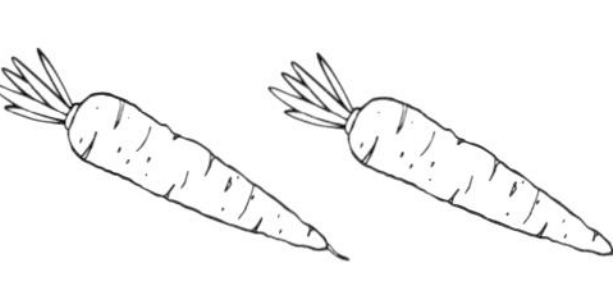

.... Tomate 

.... Tomaten  

.... Banane 

.... Bananen 

Lebensmittel 1 – Artikel und Nomen

1. Schreibe die Wörter mit Begleiter *(der, die, das)* auf.
Schreibe sie auch in der Mehrzahl.

~~Apfel~~ • Birne • Banane • Gurke • Tomate • Möhre • Erdbeere

2. Schreibe noch mehr Wörter auf, die du schon kennst.

(Nuss, Erbse …)

Einzahl der/die/das	**Mehrzahl** die
der Apfel	die Äpfel

Lebensmittel 1 – Kreuzworträtsel

Löse das Kreuzworträtsel.

Diese Wörter werden gesucht:

Apfel • Weintrauben • Obst • Gurke • Tomate • Birne • Gemüse • Kasse • Erdbeere • Banane

Lösungswort:

1	2	3	4	5	6	7	8	9

Lebensmittel 1 – Schreiben oder malen

Schreibe oder male. 

Ich esse gerne

Ich esse nicht gerne

Lebensmittel 1 – Das esse ich gern 1

Male. 

Ich esse gerne … 

Ich esse nicht gerne … 

Obst 

Äpfel 

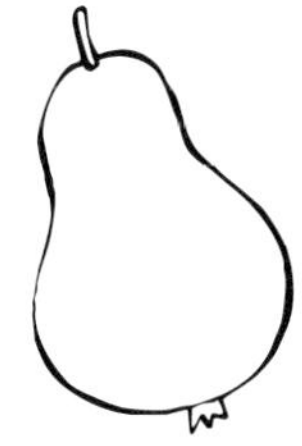

Birnen 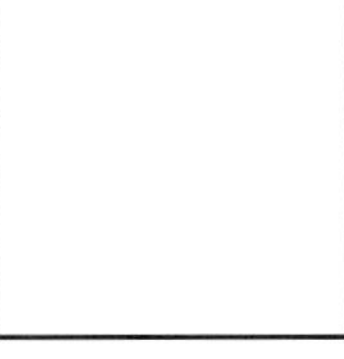

Erdbeeren 

Gemüse 

Gurken 

Möhren 

Lebensmittel 1 – Das esse ich gern 2

Schreibe immer so:

Ich esse gerne … 

Ich esse nicht gerne … 

~~Obst~~ • Äpfel • Birnen • Erdbeeren • Gemüse • Gurken • Möhren

Ich esse gerne **Obst**.

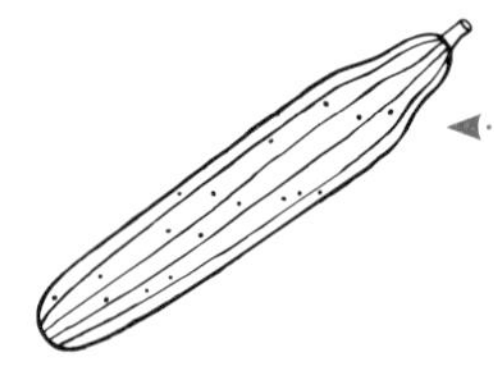

Lebensmittel 1 – Das esse ich gern 3

Schreibe immer so:

Ich esse gerne ... 

Ich esse nicht gerne ... 

Verwende die Mehrzahl. (***Ä**pfel, Birne**n** ...*)

Ich esse gerne **Obst**.

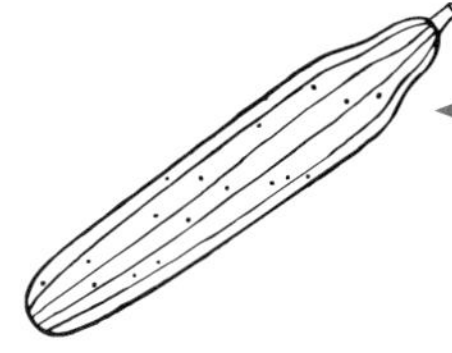

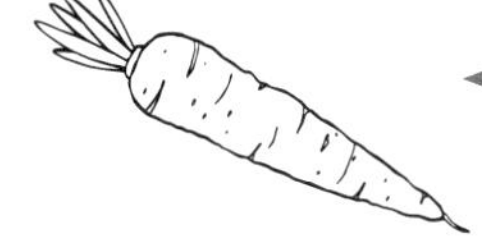

Lebensmittel 1 – Suchsel

Finde die versteckten Wörter und markiere sie. 

E	R	D	B	E	E	R	E	H	D	O	P
A	Q	K	I	K	A	S	S	E	G	K	F
T	O	M	A	T	E	J	A	P	F	E	L
Q	R	Y	K	B	F	R	R	F	F	K	L
M	Ö	H	R	E	S	O	G	U	R	K	E
K	R	I	M	H	D	Q	Y	M	I	M	N
B	I	R	N	E	I	D	E	I	U	Q	J
J	W	W	R	G	E	M	Ü	S	E	E	W
W	E	I	N	T	R	A	U	B	E	N	D
B	A	N	A	N	E	E	T	O	B	S	T
K	Y	K	A	R	T	O	F	F	E	L	R

1. WEINTRAUBEN
2. ERDBEERE
3. GEMÜSE
4. KASSE
5. GURKE
6. APFEL
7. KARTOFFEL
8. TOMATE
9. BANANE
10. MÖHRE
11. BIRNE
12. OBST

© Verlag an der Ruhr | Autorin: Anna Hoffacker | ISBN 978-3-8346-3106-0 | www.verlagruhr.de

Lebensmittel 2 – Bild-Wortkarten

Sieh dir die Bilder und die dazugehörigen Wörter an. 

die Wurst	das Fleisch	der Käse	die Milch

die Eier	der Joghurt	die Butter	das Brot

die Kekse	der Saft	der Korb	der Einkaufswagen

Lebensmittel 2 – Ausfüll-Bildkarten

Schreibe die richtigen Wörter auf die Linien.

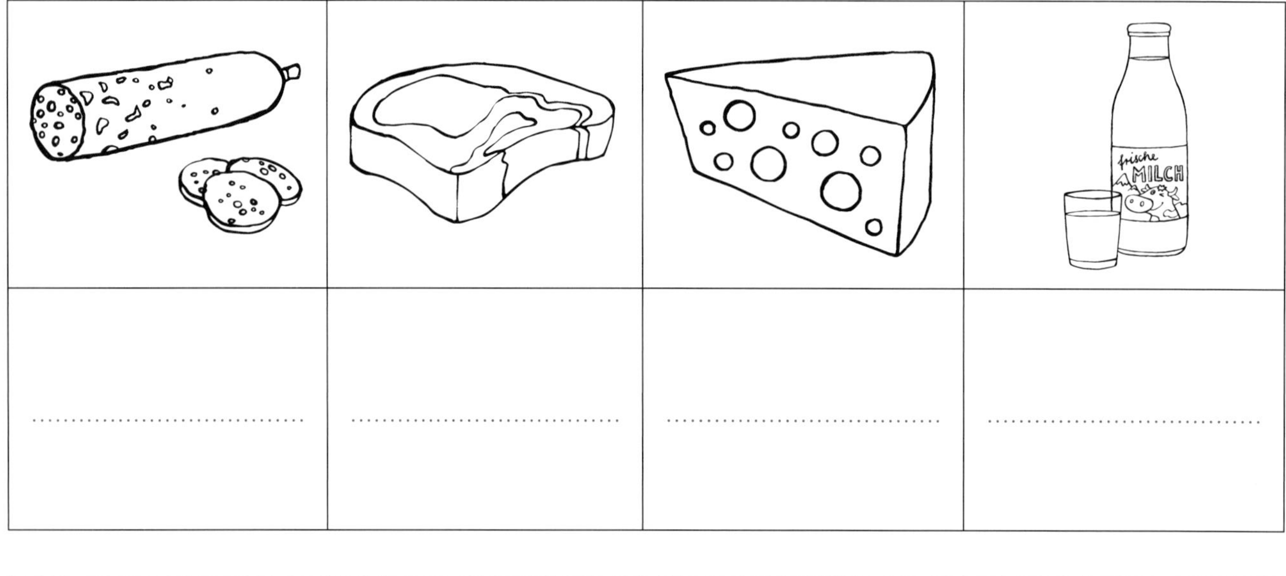

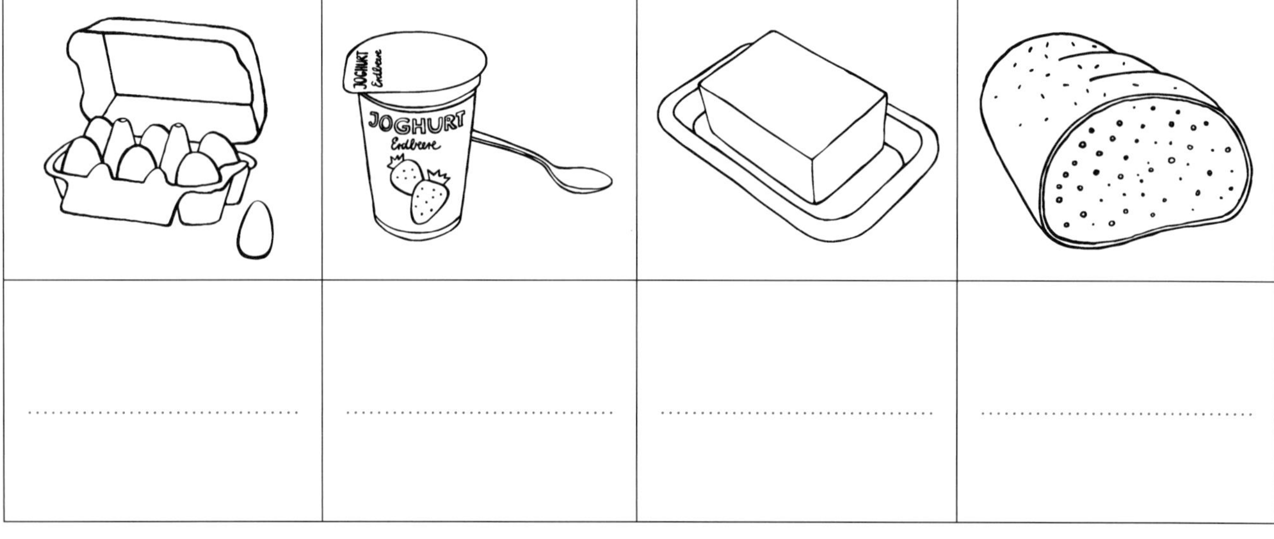

Lebensmittel 2 – Verbinden

Verbinde die Bilder mit den Wörtern.

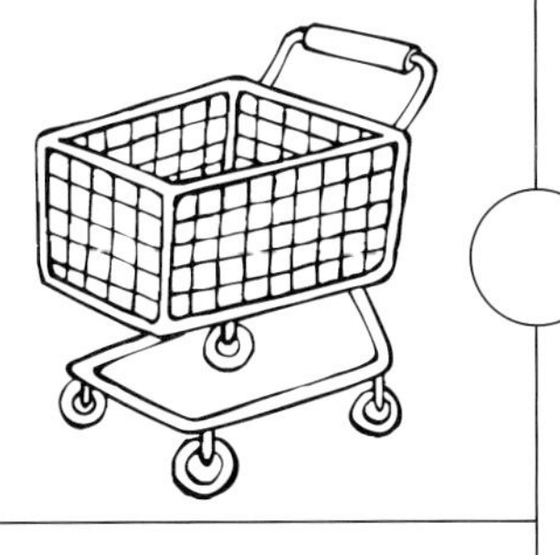

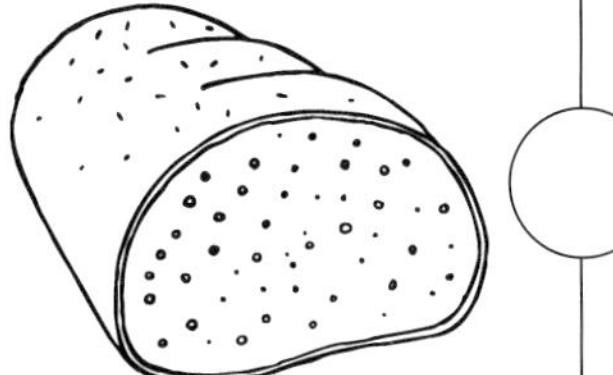

die Milch

der Einkaufswagen

der Käse

die Eier

die Kekse

das Fleisch

die Wurst

der Joghurt

der Korb

der Saft

das Brot

die Butter

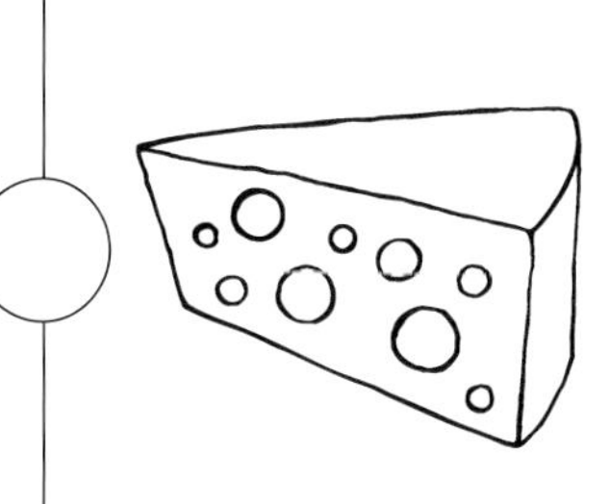
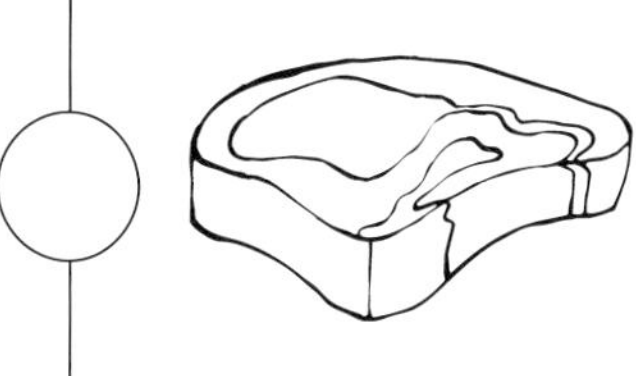

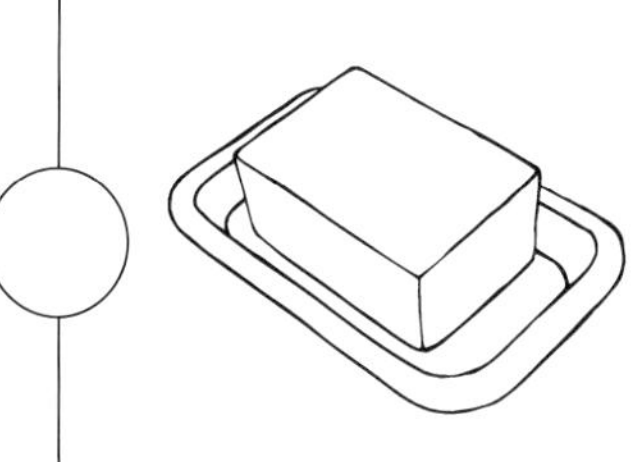
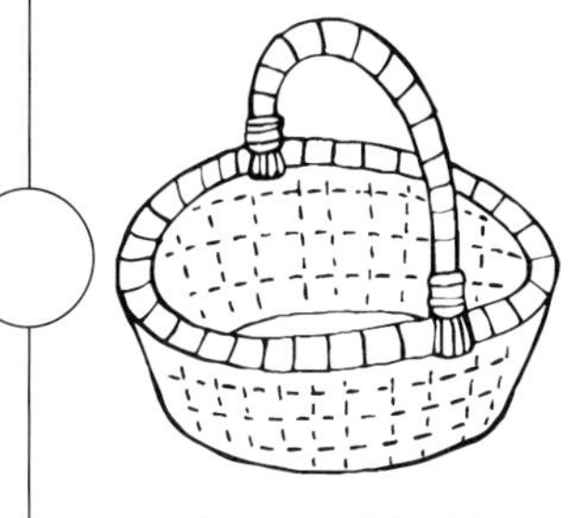

Lebensmittel 2 – Wörter schreiben

Schreibe die richtigen Wörter neben die Bilder.

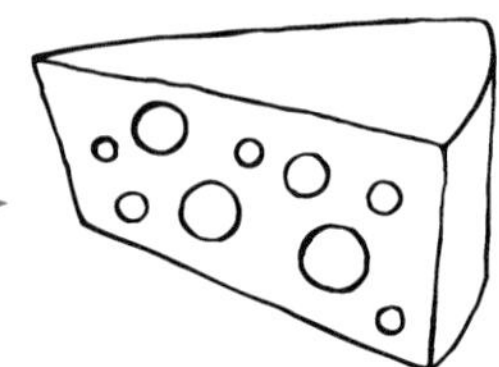

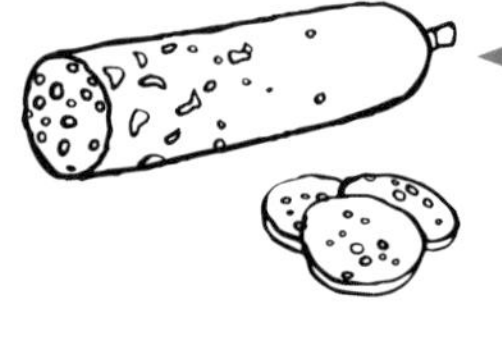

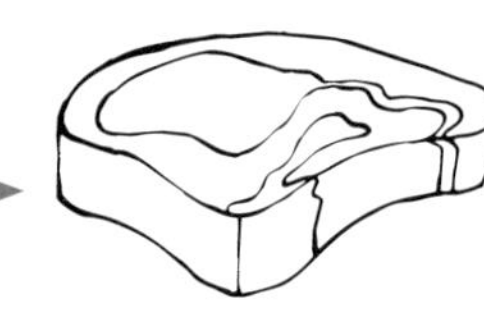

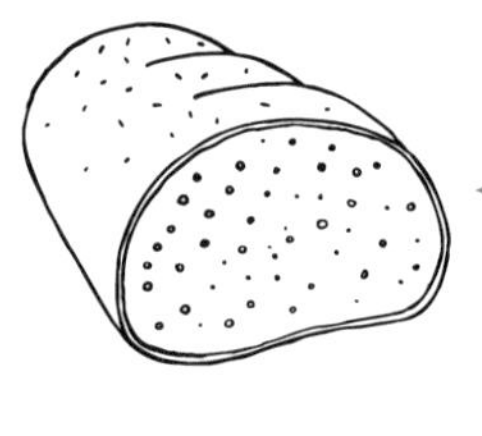

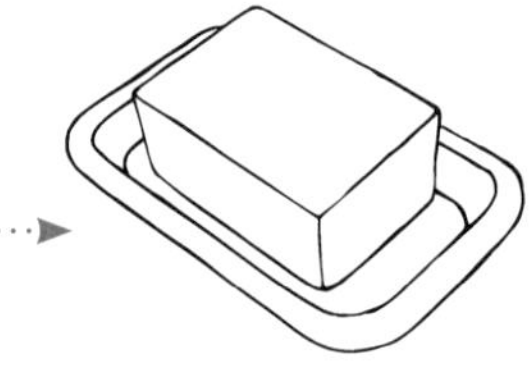

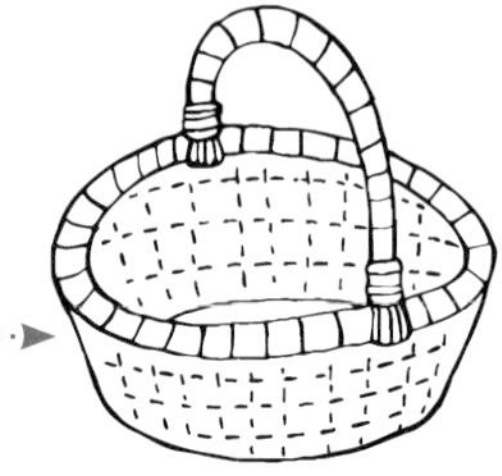

Lebensmittel 2 – Sätze schreiben

Schreibe die richtigen Sätze neben die Bilder.

Das ist der Einkaufswagen.

Das ist

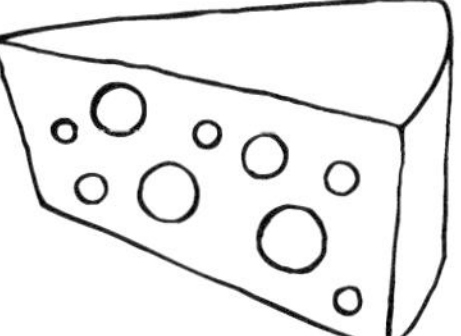

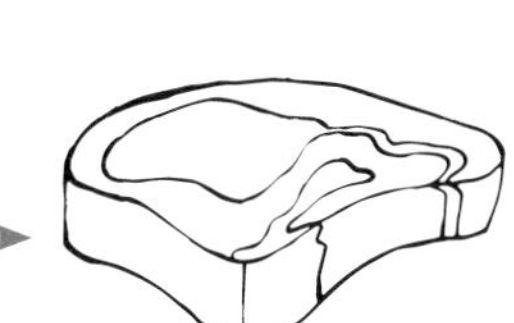

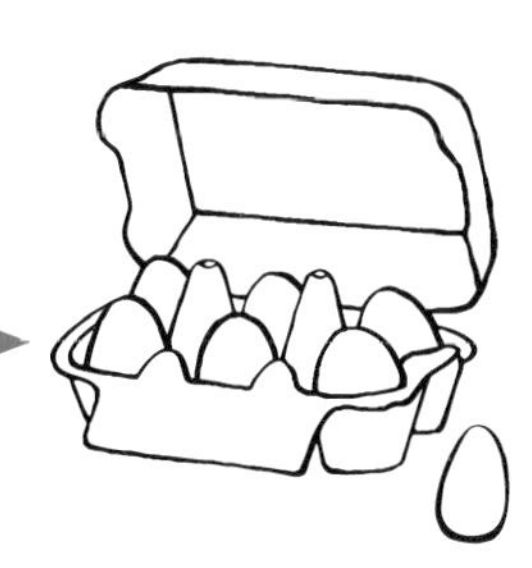

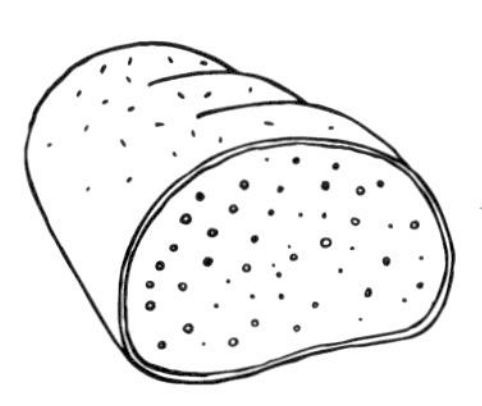

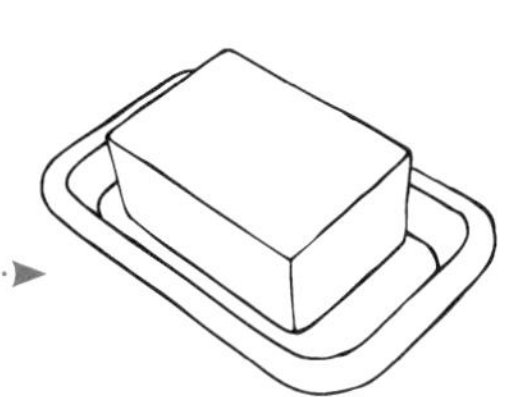

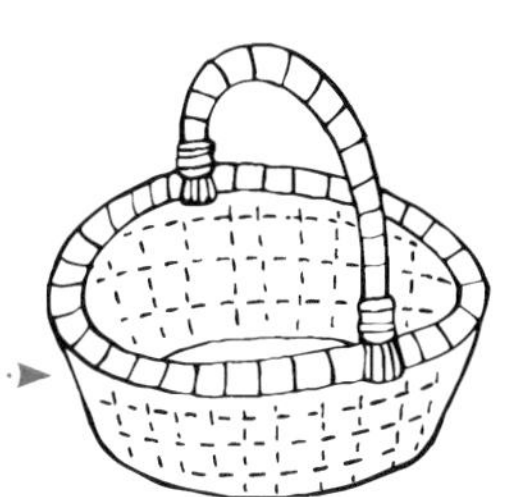

Lebensmittel 2 – Artikel

Schneide die Bilder aus und lege sie vor die richtige Kiste.

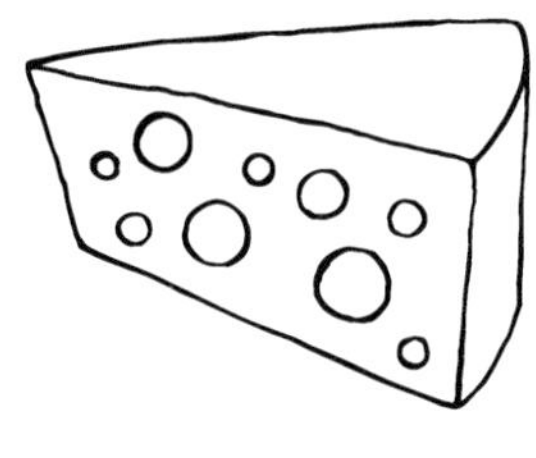

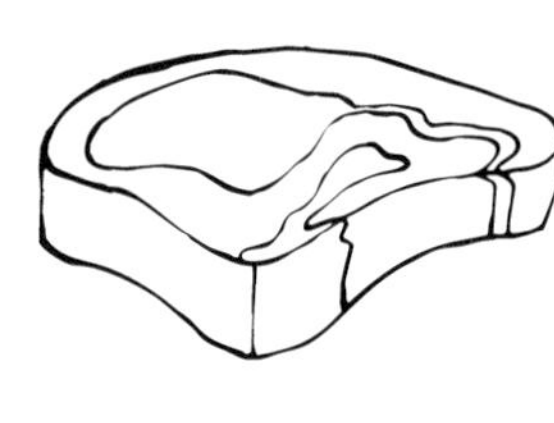

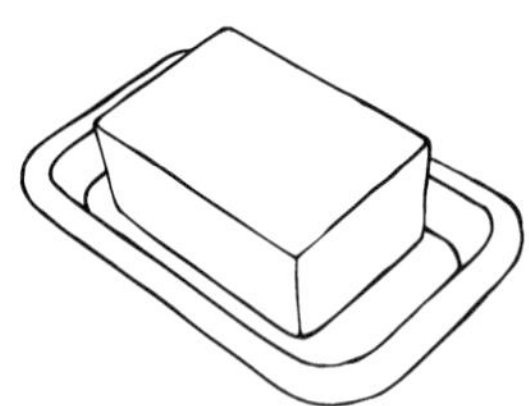

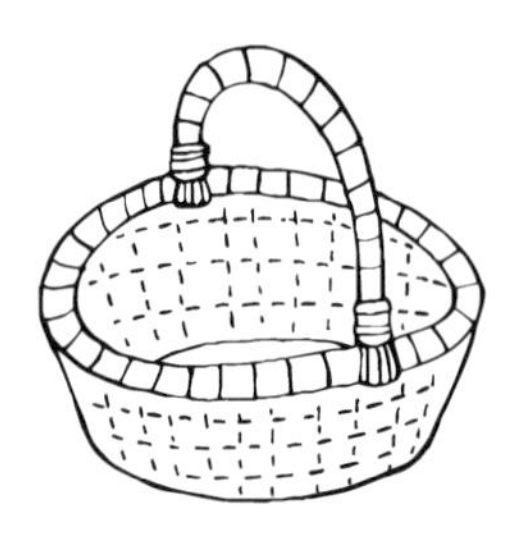

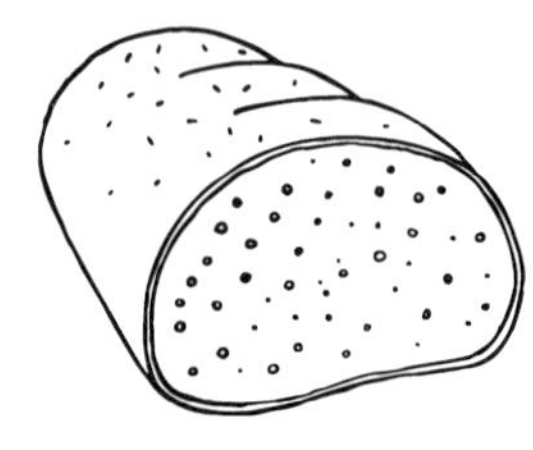

Lebensmittel 2 – Artikel verbinden

Verbinde die Artikel mit den richtigen Bildern.

der

die

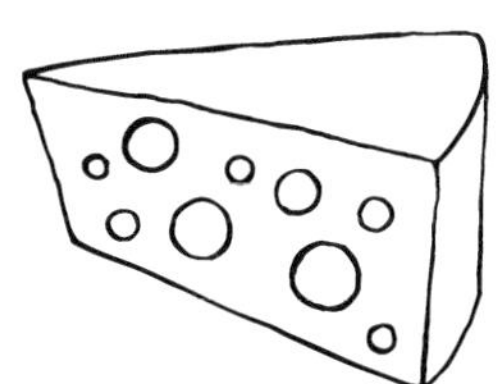

das

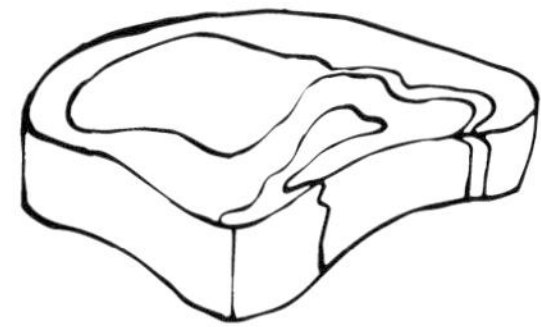

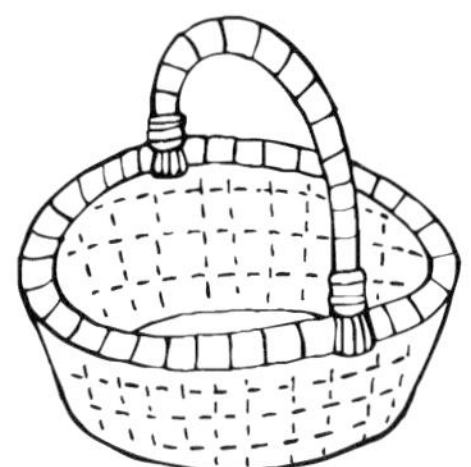

Lebensmittel 2 – Suchsel

Finde die versteckten Wörter und markiere sie. 

E	K	E	K	S	E	K	M	I	L	C	H
I	Q	K	K	O	R	B	H	J	U	Z	T
N	R	E	W	S	D	B	U	T	T	E	R
K	Ä	S	E	W	E	R	F	G	H	X	D
A	K	T	J	L	I	W	U	R	S	T	V
U	P	O	J	K	B	D	A	E	R	B	M
F	G	F	L	E	I	S	C	H	C	C	N
S	U	H	B	N	M	C	G	A	B	M	Ö
W	X	J	O	G	H	U	R	T	M	B	G
A	F	D	Z	L	O	X	A	B	R	O	T
G	F	U	I	E	Ä	B	Q	U	R	S	A
E	I	E	R	K	U	S	P	A	X	Y	Z
N	L	O	B	E	V	S	A	F	T	Q	U

1. EINKAUFSWAGEN
2. JOGHURT
3. FLEISCH
4. BUTTER
5. KEKSE
6. MILCH
7. WURST
8. KORB
9. SAFT
10. BROT
11. EIER
12. KÄSE

Im Supermarkt – Bild-Wortkarten

Sieh dir die Bilder und die dazugehörigen Wörter an. 

 der Supermarkt	 die Waage	 die Verkäuferin	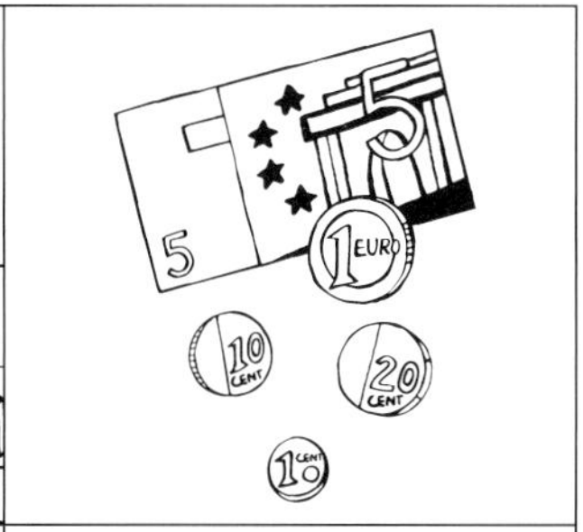 das Geld
 aussuchen	 einpacken	 kosten	 einräumen
 verkaufen	 schieben	 bezahlen	 wiegen

Im Supermarkt – Ausfüll-Bildkarten

Schreibe die richtigen Wörter auf die Linien.

Im Supermarkt – Verbinden

Verbinde die Bilder mit den Wörtern.

die Waage

aussuchen

die Verkäuferin

verkaufen

das Geld

der Supermarkt

kosten

einräumen

schieben

wiegen

bezahlen

einpacken

Im Supermarkt – Wörter schreiben

Schreibe die richtigen Wörter neben die Bilder.

Im Supermarkt – Bilder kleben 1

1. Schneide die Bilder aus.
2. Klebe sie neben die Sätze.
3. Schreibe dann die Sätze.

	Der Mann verkauft. ....
	Die Frau schiebt. ....
	Der Junge bezahlt. ....
	Das Mädchen wiegt. ....

Im Supermarkt – Bilder kleben 2

1. Schneide die Bilder aus.

2. Klebe sie neben die Sätze.

3. Schreibe dann die Sätze.

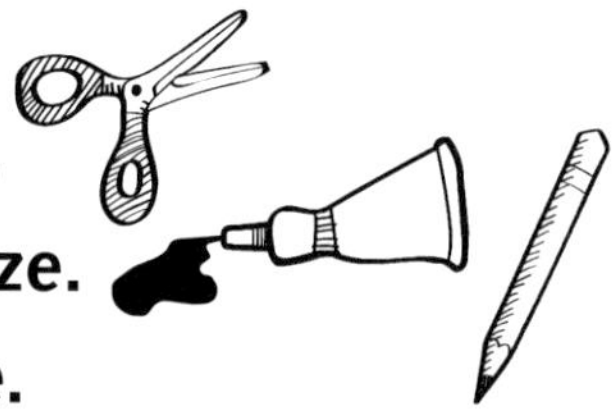

	Der Junge sucht aus. ....
	Der Verkäufer räumt ein. ....
	Der Junge und das Mädchen packen ein. ....
	Der Teddybär kostet 12 €. ....

Im Supermarkt – Satz-Bild-Zuordnung 1

Schreibe die richtigen Sätze neben die Bilder.

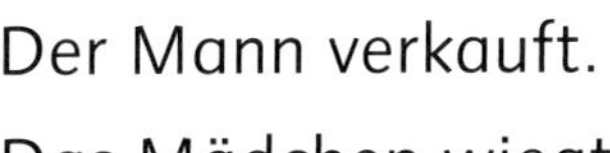

Der Mann verkauft. Der Teddybär kostet 12 €. Die Frau schiebt.
Das Mädchen wiegt. Der Junge sucht aus. Der Junge bezahlt.

Im Supermarkt – Satz-Bild-Zuordnung 2

Schreibe die richtigen Sätze neben die Bilder.

Die Frau
Der Junge
Der Mann
Das Mädchen
Der Teddybär

~~schiebt.~~	kostet 12 €.
bezahlt.	verkauft.
sucht aus.	wiegt.

Die Frau schiebt.

© Verlag an der Ruhr | Autorin: Anna Hoffacker | ISBN 978-3-8346-3106-0 | www.verlagruhr.de

Im Supermarkt – Lücken füllen

1. Schreibe die richtigen Wörter in die Lücken.

Verkäufer, Waage, Birne, Einkaufswagen, 12 Euro, Geld

Das Mädchen wiegt mit der ....

Der Mann sucht eine .... aus.

Der Teddybär kostet ....

Das Mädchen bezahlt mit ....

Der .... räumt das Regal ein.

2. Schreibe die Sätze ab.

Das Mädchen wiegt mit der Waage.

Im Supermarkt – Unterstreichen und schreiben

1. Unterstreiche Verben rot, Nomen blau.

verkaufen	~~das Geld~~	die Waage	aussuchen	die Verkäuferin
wiegen	bezahlen	schieben	die Banane	das Obst
die Gurke	das Gemüse	einräumen	einpacken	die Tomate

2. Schreibe die Wörter in die Tabelle.

Nomen	**Verben**
das Geld	

© Verlag an der Ruhr | Autorin: Anna Hoffacker | ISBN 978-3-8346-3106-0 | www.verlagruhr.de

Im Supermarkt –Suchsel

Finde die versteckten Wörter und markiere sie. 

V	E	R	K	Ä	U	F	E	R	I	N	D
S	S	C	H	I	E	B	E	N	U	A	I
B	G	Z	S	H	A	M	H	G	E	L	D
B	E	Z	A	H	L	E	N	J	Z	I	B
H	K	O	S	T	E	N	K	O	L	J	H
A	T	Ü	T	E	T	Z	W	A	A	G	E
G	V	E	R	K	A	U	F	E	N	F	S
E	I	N	R	Ä	U	M	E	N	F	M	N
G	H	N	E	I	N	P	A	C	K	E	N
A	U	S	S	U	C	H	E	N	M	R	E
W	U	I	O	W	I	E	G	E	N	D	F

1. VERKÄUFERIN
2. VERKAUFEN
3. EINRÄUMEN
4. EINPACKEN
5. AUSSUCHEN
6. BEZAHLEN
7. SCHIEBEN
8. KOSTEN
9. WIEGEN
10. WAAGE
11. GELD
12. TÜTE

Im Supermarkt – Rollenspiel Dialog 1

Lies den Dialog gut durch. 

Hallo!

Hallo, wie kann ich helfen?

Ich hätte gerne …

Hier, bitte sehr.

Danke.
Wie teuer ist das?

Es kostet … €.

Bitte sehr.

Vielen Dank.
Auf Wiedersehen!

Auf Wiedersehen!

Im Supermarkt – Rollenspiel Dialog 2

Schreibe den Dialog in die leeren Felder.
Übe anschließend den Dialog mit einem Partner. Nutze dazu das Spielgeld, den Bastelkorb, den Einkaufszettel und die Waren.

Im Supermarkt – Rollenspiel Waren 1

Schneide die Lebensmittel aus.

Im Supermarkt – Rollenspiel Waren 2

Schneide die Lebensmittel aus.

Im Supermarkt – Rollenspiel Waren 3

Schneide die Lebensmittel aus.

Im Supermarkt – Rollenspiel Waren 4

Schneide die Lebensmittel aus.

Im Supermarkt – Rollenspiel Einkaufskorb

Sieh dir die Bilder genau an. 

1. Du brauchst: quadratisches Papier, Papierstreifen, Schere, Kleber. Falte das Blatt in 9 gleiche Vierecke.
2. Schneide das Blatt an 4 Stellen ein. So wie auf dem Bild.
3. Falte die Vierecke außen nach innen. Klebe sie an den Ecken zusammen.
4. Klebe den Streifen wie einen Henkel an.
5. Klebe die beiden letzten Vierecke an der Seite an.
6. Fertig ist dein Einkaufskorb.

1.	4.
2.	5.
3.	6.

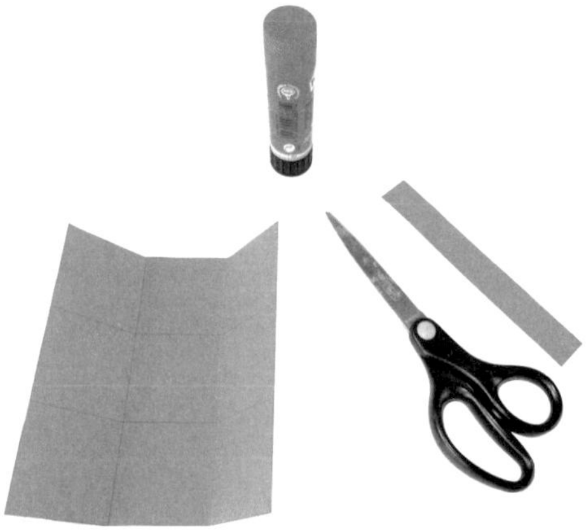

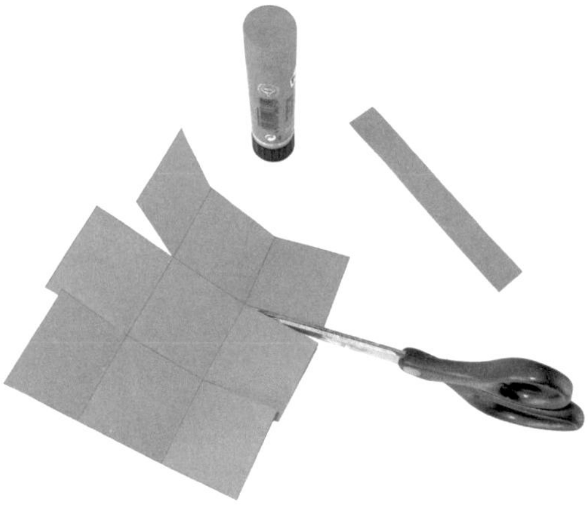

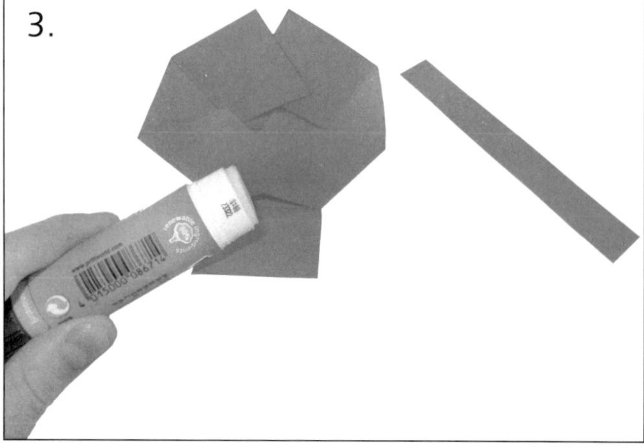

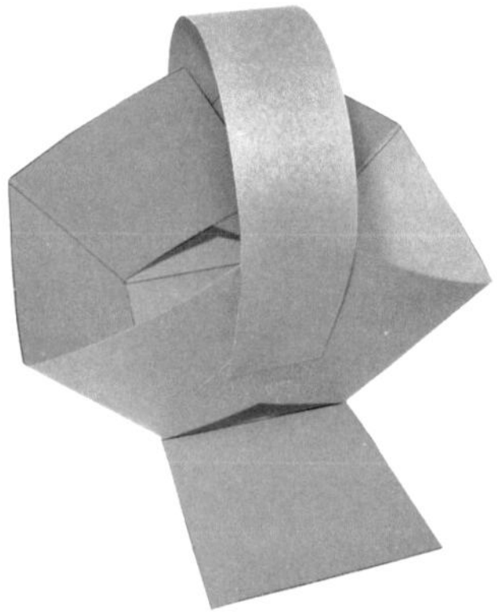

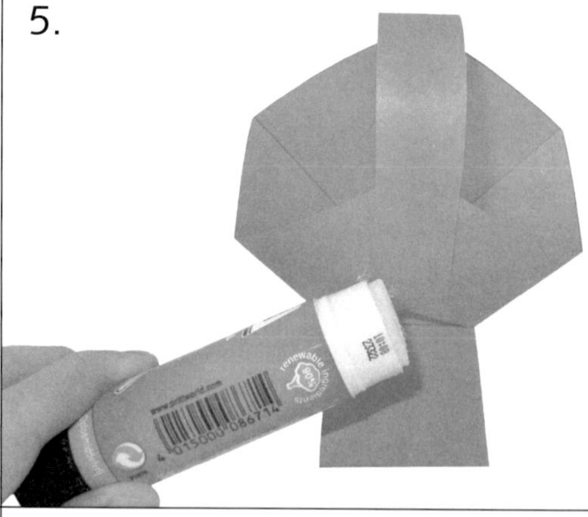

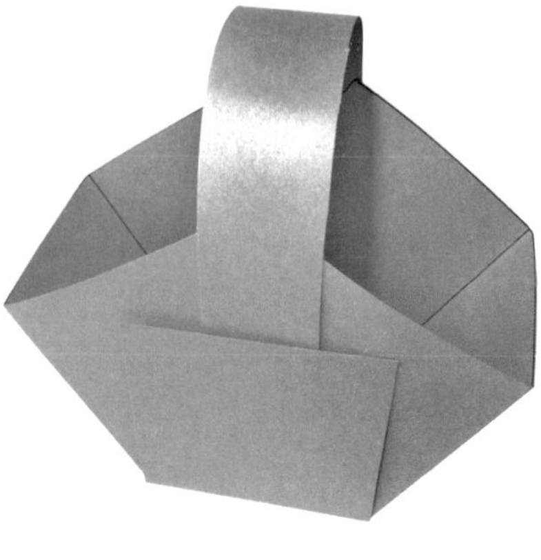

© Verlag an der Ruhr | Autorin: Anna Hoffacker | ISBN 978-3-8346-3106-0 | www.verlagruhr.de

Im Supermarkt – Rollenspiel Einkaufsliste

Schreibe eine Einkaufsliste mit Lebensmitteln.

Im Supermarkt – Rollenspiel Spielgeld 1

Schneide das Spielgeld aus.

© Verlag an der Ruhr | Autorin: Anna Hoffacker | ISBN 978-3-8346-3106-0 | www.verlagruhr.de

Im Supermarkt – Rollenspiel Spielgeld 2

Schneide das Spielgeld aus.

Im Supermarkt – Abschreibtext

1. Lies den Text. 

2. Schreibe den Text ab. 

3. Übe Lesen. 

Ich esse gerne Obst.
Alle essen Obst.
Tim isst eine Banane.
Nuri isst eine Birne.
Anika und Samira essen Äpfel.

Im Supermarkt – Abschreibtext

1. **Lies den Text.** 
2. **Schreibe den Text ab.** 
3. **Übe Lesen.** 

Ich esse gerne Obst und Gemüse.
Alle essen in der Schule. Nuri isst eine Banane.
Alia und Melih essen gerne Möhren. Tim und
Kira essen Gurken. Anika und Samira essen
Äpfel. Frau Müller schneidet Gurken.
Maria isst Weintrauben.

© Verlag an der Ruhr | Autorin: Anna Hoffacker | ISBN 978-3-8346-3106-0 | www.verlagruhr.de

Im Supermarkt – Abschreibtext

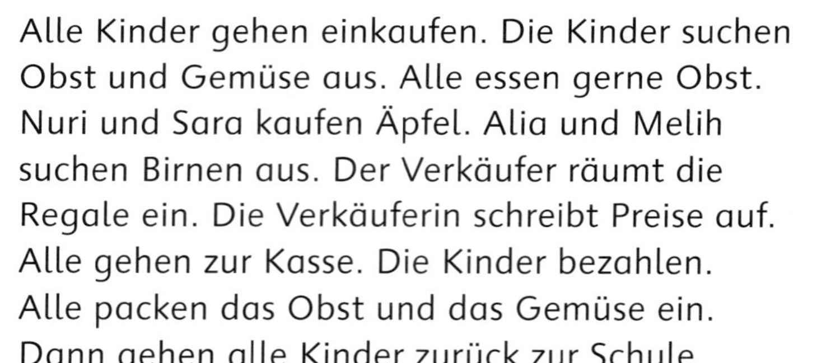

1. **Lies den Text.**
2. **Schreibe den Text ab.**
3. **Übe Lesen.**

Alle Kinder gehen einkaufen. Die Kinder suchen Obst und Gemüse aus. Alle essen gerne Obst. Nuri und Sara kaufen Äpfel. Alia und Melih suchen Birnen aus. Der Verkäufer räumt die Regale ein. Die Verkäuferin schreibt Preise auf. Alle gehen zur Kasse. Die Kinder bezahlen. Alle packen das Obst und das Gemüse ein. Dann gehen alle Kinder zurück zur Schule.

Wimmelbild Wochenmarkt

Was siehst du? Schreibe in dein Heft. ***(Ich sehe ...)***

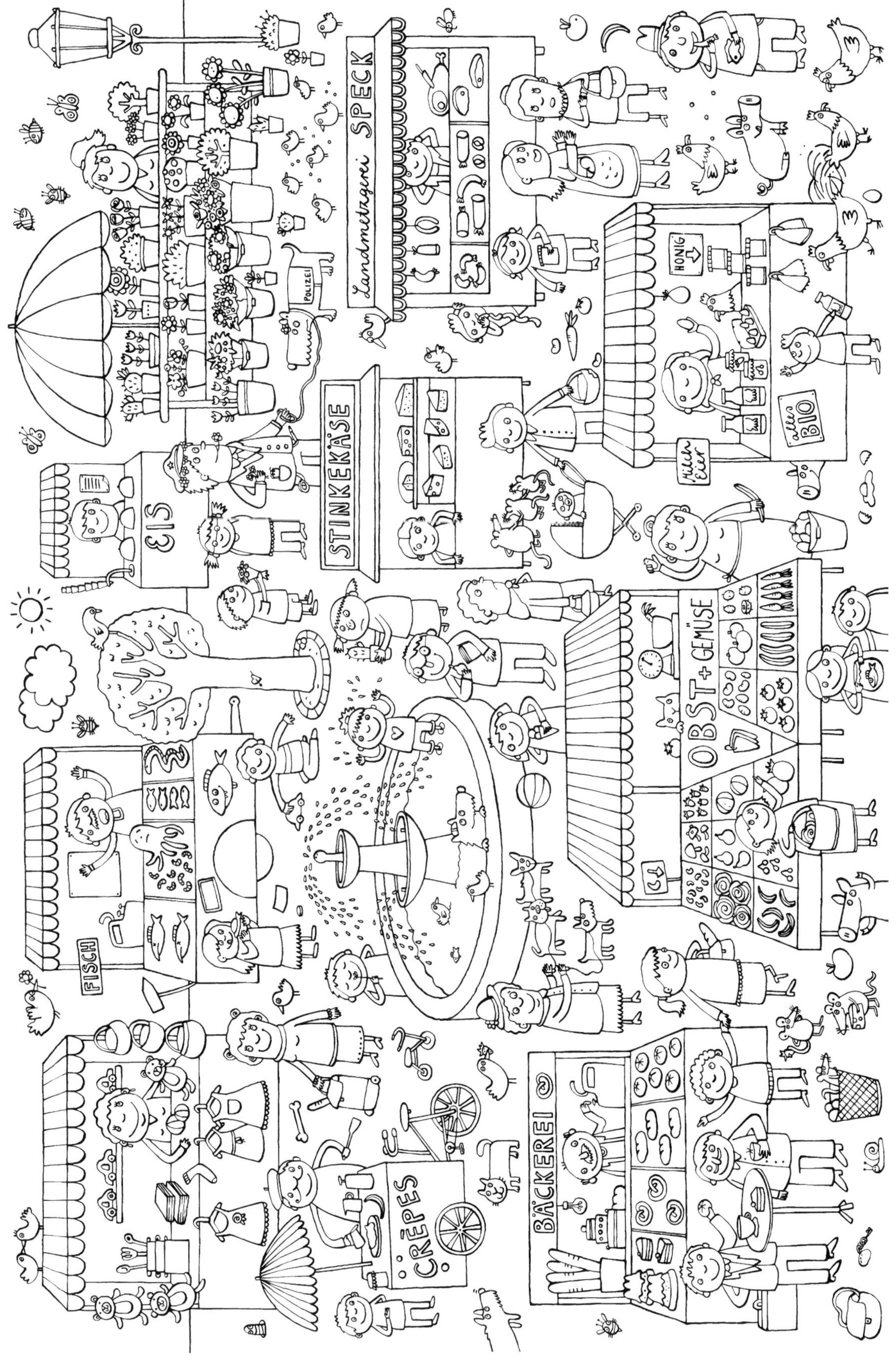

Im Supermarkt – Schreiben und nummerieren

Samir und seine Mama möchten eine Suppe kochen. Sie brauchen:

1. Schreibe auf.

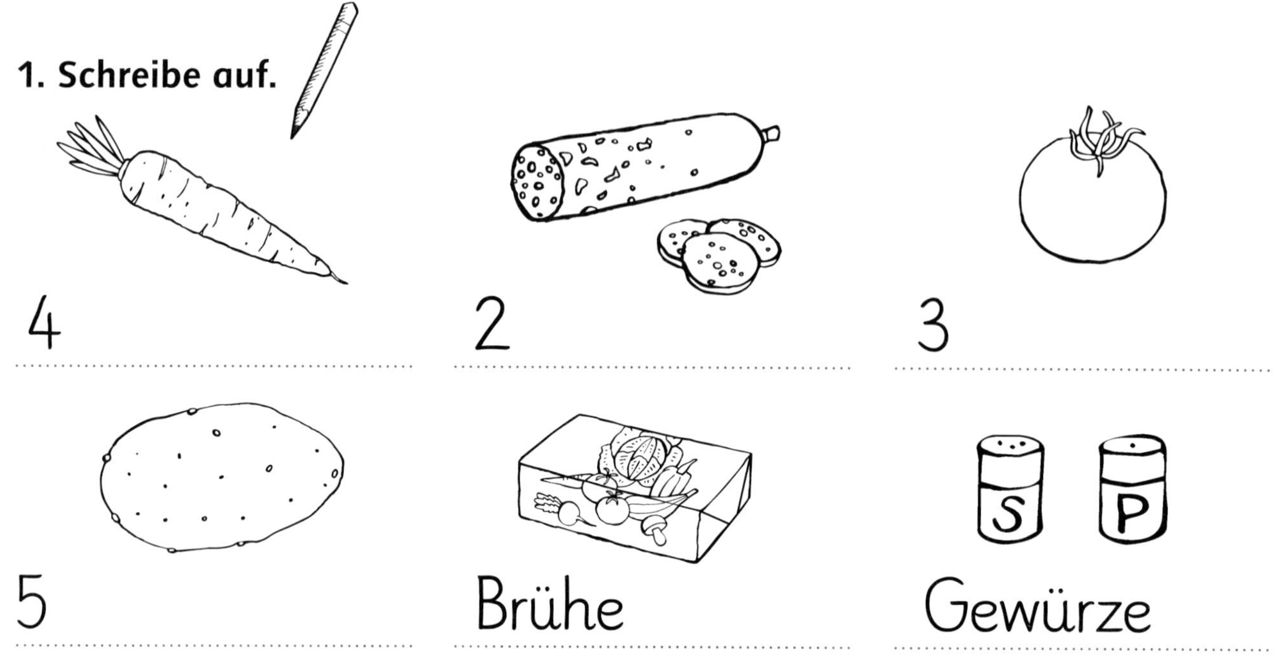

2. So geht es. Nummeriere. 1 2 3

1. Das Gemüse schneiden.
2. Die Wurst schneiden.
3. Die Kartoffeln kochen.
4. Das Gemüse, die Kartoffeln, die Wurst und die Brühe aufkochen.
5. Gewürze dazu geben.
6. Alles 15 Minuten kochen lassen.

© Verlag an der Ruhr | Autorin: Anna Hoffacker | ISBN 978-3-8346-3106-0 | www.verlagruhr.de

Im Supermarkt – Einkaufszettel schreiben

Samir soll für die Suppe einkaufen gehen. Er braucht einen Einkaufszettel.
Schreibe auf, was Samir für die Suppe braucht.

Der Einkaufszettel ist weg – Geschichte

Der Einkaufszettel ist weg – Geschichte

1. Mama möchte Suppe kochen. Samir geht einkaufen.
2. Der Zettel ist weg!
3. Samir kauft Obst.
4. Mama lacht. Jetzt essen wir Obstsalat!

Der Einkaufszettel ist weg

– Geschichte

1. Mama möchte Suppe kochen. Sie braucht Tomaten, Möhren, Kartoffeln, Wurst. Samir geht einkaufen.
2. Samir geht zum Supermarkt. Doch wo ist der Einkaufszettel? Verloren!
3. Samir denkt nach. Er kauft Äpfel, Bananen, Birnen, Erdbeeren.
4. Zu Hause lacht Mama. Jetzt gibt es Obstsalat.

Der Einkaufszettel ist weg – Geschichte

1. Zum Mittagessen möchte Mama Suppe kochen. Samir soll Möhren, Kartoffeln, Wurst und Tomaten einkaufen. Mama gibt ihm einen Zettel.
2. Samir geht zum Supermarkt. Auf dem Weg sucht er den Einkaufszettel. Er hat ihn verloren!
3. Samir denkt nach. Dann fällt es ihm wieder ein. Er soll Äpfel, Bananen, Birnen und Erdbeeren kaufen.
4. Mit der Tüte in der Hand geht er nach Hause. In der Küche packt er die Tüte aus. Mama staunt. Dann lacht sie und sagt: „Dann essen wir halt Obstsalat!"

Der Einkaufszettel ist weg – Arbeitsblatt ★☆☆

1. Schneide die Bilder der Geschichte aus.
2. Klebe die Bilder in der richtigen Reihenfolge auf.
3. Schreibe die Geschichte ab.

Der Einkaufszettel ist weg – Arbeitsblatt ★★☆

1. Schneide die Bilder der Geschichte aus.
2. Klebe die Bilder in der richtigen Reihenfolge auf.
3. Schreibe die Geschichte ab.

Der Einkaufszettel ist weg – Arbeitsblatt ★★★

1. Schneide die Bilder der Geschichte aus.

2. Klebe die Bilder in der richtigen Reihenfolge auf.

3. Schreibe die Geschichte ab.

Reflexion 1:
Im Supermarkt – Das kann ich schon

Name: .... Datum: ....

1. Höre gut zu und nummeriere.

2. Verbinde.

Waage ◯

Verkäuferin ◯

Obst ◯

Geld ◯

Gemüse ◯

Tüte ◯

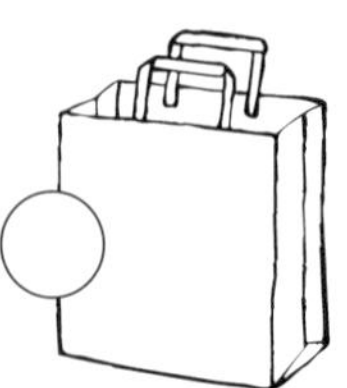

Reflexion 2:
Im Supermarkt – Das kann ich schon

3. *der, die* oder *das*? Schreibe.

die			

4. Schreibe die richtigen Wörter neben die Bilder.

aussuchen bezahlen einpacken schieben

 ....

 ....

 ....

 ....

5. Am besten gefallen hat mir:

Reflexion 2:
Im Supermarkt – Das kann ich schon

3. ***der, die* oder *das*? Schreibe.**

die			

4. Schreibe die richtigen Wörter in die Lücken.

Waage, Verkäuferin, Birne, Einkaufswagen, 10 Euro

Das Mädchen wiegt mit der ……………………………………………………….

Der Mann sucht eine ………………………………………………………… aus.

Die Frau schiebt den ……………………………………………………….

Die ………………………………………………………… räumt die Regale ein.

Der Junge bezahlt ………………………………………………………… .

5. Am besten gefallen hat mir:

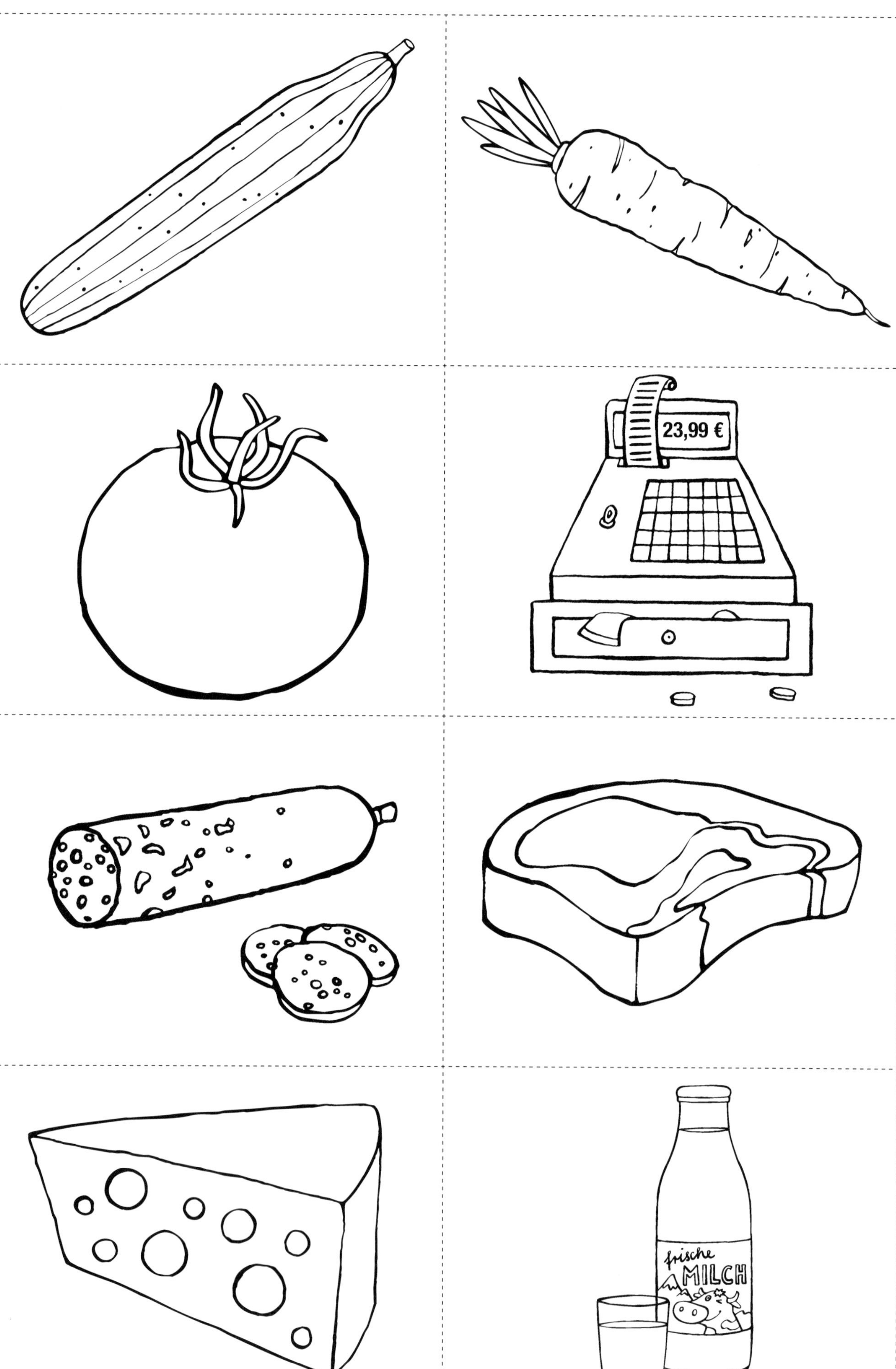
23,99 €
frische
MILCH

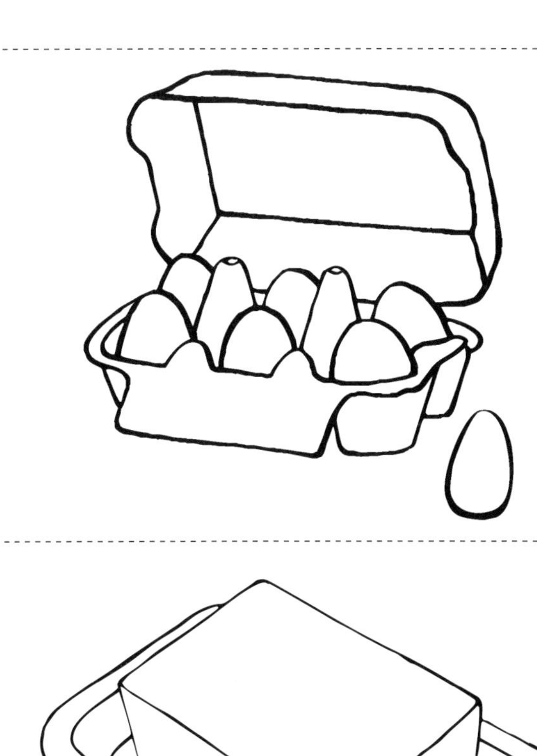

JOGHURT
Erdbeere
JOGHURT
Erdbeere

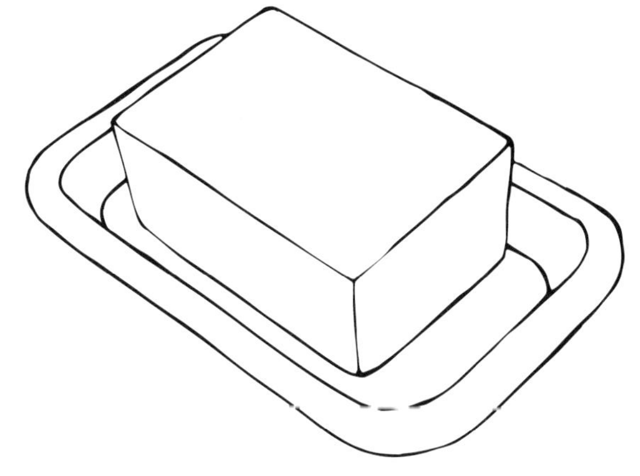

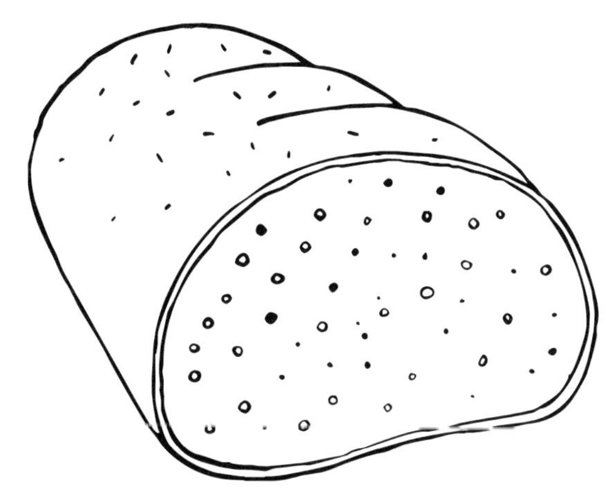

SAFT
MIT VITAMIN C
0,75 l

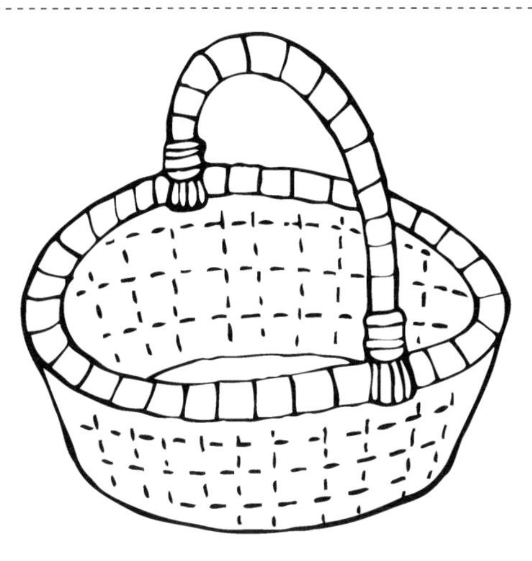

€ 2.20
5
1 EURO
10 CENT
20 CENT
1 CENT
2.20

1€
1.20
12 €
€ 2.20
SUPER
MARKT
SUPER
SONDER-
ANGEBOTE
S